Il était une fois dans l'Ouest

Merci au Conseil des Arts du Canada
et au Conseil des Arts du Manitoba
pour l'appui financier apporté
à la publication de cet ouvrage.

Illustrations de Madeleine Vrignon

Données de catalogage avant publication (Canada)

Mackenzie, Nadine

ISBN 2-921353-41-5

1. Provinces des Prairies - Histoire - Ouvrages
pour la jeunesse. I. Titre.

FC3237.M28 1996 j971.2 C95-920253-6
F1060.35.M28 1996

Dépôt légal : 1er trimestre 1996, Bibliothèque nationale du Canada

Directeurs : Annette Saint-Pierre et Georges Damphousse

Nadine Mackenzie

Il était une fois dans l'Ouest

Les Éditions des Plaines
C.P. 123
Saint-Boniface (Manitoba)
R2H 3B4

Le premier hôtel de l'Alberta

Fort Macleod, premier centre urbain du Sud de l'Alberta et capitale des cow-boys du Canada, a aussi été le siège du quartier général de la Police montée en 1874, ainsi que le premier endroit de la province où on a ouvert un hôtel. Fort Macleod avait la réputation d'abriter des aventuriers et des ivrognes dont le langage grossier et les mauvaises manières ajoutaient à l'animation de la petite ville. C'était le temps de la conquête de l'Ouest. Seuls les plus forts, les plus rudes et les plus débrouillards pouvaient s'acclimater à ce milieu. Les activités culturelles et les bonnes manières des gens ne devaient faire leur apparition que beaucoup plus tard.

Le propriétaire de l'unique hôtel de Fort

VRIGNON

Macleod se nommait Harry Taylor. Les Indiens l'avaient surnommé Kamoose, un nom qui signifiait voleur. Tout le monde l'appelait ainsi et personne n'osait demander à Taylor l'origine de ce sobriquet, car la riposte des poings de l'hôtelier était légendaire.

Harry Taylor Kamoose était né en Angleterre. Il était venu sur le continent nord-américain pour participer à la ruée vers l'or. N'ayant pas réussi à faire fortune, il s'était rendu en Colombie-Britannique et avait abandonné son projet pour se consacrer à un passe-temps moins fatigant et surtout plus lucratif : le commerce du whisky. Taylor avait enfin trouvé sa vocation.

Il n'était pas le seul à exercer la profession de contrebandier. On venait de construire le fort Whoop-Up qui devait sa célébrité aux flots de whisky qui y coulaient et étaient la cause de nombreux crimes. Harry avait développé son commerce en suivant des principes bien établis : deux tasses de whisky dilué lui rapportaient une peau de bison, alors que quatre litres de whisky, également dilué, lui procuraient un cheval. Ensuite, il revendait ses acquisitions à bon prix et se procurait de nouveau des tonneaux d'alcool.

Hélas ! sa période prospère devait connaître

une fin. Taylor a été l'un des premiers contrebandiers à tomber entre les mains de la police. Ce jour-là, on l'a arrêté à proximité de Fort Macleod où ses quatre chevaux transportaient du whisky et des peaux de bison. La justice lui a confisqué ses biens et imposé une amende de cinq cents dollars, une très forte somme à l'époque.

Harry a alors décidé d'abandonner le commerce illégal de l'alcool qui comportait trop de risques depuis que la Police montée sillonnait les pistes. Grâce à ses économies, il a fait construire un hôtel à Fort Macleod. Harry Taylor Kamoose avait décidé de devenir un homme respectable et de s'intégrer d'une façon permanente à la population locale. C'était en 1881. Trois ans plus tard, il construisait au centre de la petite ville un second hôtel, plus impressionnant que le premier. Il allait diriger de main de maître un établissement dont la réputation allait se propager jusque dans les coins les plus reculés de la province.

L'hôtel de Harry était un poste de relais pour les voyageurs, les prospecteurs, les marchands, les aventuriers et parfois les hommes d'affaires. Même si le confort laissait à désirer, la clientèle évitait de protester car elle était impressionnée par les traces de balles sur les murs et les tables du bar. La nourriture pouvait être frugale ou franchement bizarre mais nul ne se plaignait. Comme c'était le seul hôtel de la région, on acceptait de bon coeur ce que les serveurs offraient, surtout quand on avait grand-faim.

Au sujet des serveurs, on disait qu'ils n'étaient jamais là quand on avait besoin d'eux, qu'ils mentaient, qu'ils buvaient et qu'ils volaient. Le cas échéant, ils prêtaient main-forte aux pugilats qui divisaient les joueurs de cartes, échangeaient un cheval volé contre un gros pourboire ; cependant, ils pouvaient se montrer complaisants quand ils en avaient envie.

Les voyageurs couverts de poussière et titubant de fatigue qui s'arrêtaient à l'hôtel de Fort Macleod étaient accueillis par un homme trapu au ventre rebondissant, débordant d'amabilité et de vitalité. C'était Taylor Kamoose. Sa sympathie allait droit au coeur des clients qui s'étonnaient de voir Kamoose emprunter leur manteau pour sortir, le soir même de leur arrivée ou le lendemain. Il disait que les détails vestimentaires ne l'intéressaient pas et qu'il ne voyait pas la nécessité de s'acheter quoi que ce soit quand il avait à sa disposition la garde-robe de ses clients.

Les chambres étaient d'un confort plus que

rudimentaire mais Taylor confiait aux voyageurs que Lord Latham ou le chef de la Police montée venait justement de séjourner dans celle qu'il leur réservait. Envers les clients qui se croyaient dans un hôtel luxueux et laissaient leurs chaussures et bottes à la porte de leur chambre, en espérant les retrouver cirées le lendemain matin, le personnel se montrait sans pitié. Les clients déconfits les retrouvaient à la poubelle.

Ne tolérant aucune réflexion sur la nourriture servie à l'hôtel ou sur la propreté des lieux, le propriétaire, d'un geste magnanime, désignait aux clients quatre serviettes communes, une pour chaque semaine du mois. Aux clients stupéfaits qui protestaient ou prenaient un air dégoûté, Taylor Kamoose leur rappelait que si plus de trente personnes s'en étaient déjà servi, ils pouvaient bien faire de même, non ?

Malgré le service quelque peu relâché, Taylor Kamoose avait exigé à l'ouverture de son hôtel quelques égards pour l'hospitalité reçue. Cependant, certaines règles laissaient les nouveaux arrivés perplexes. On rappelait aux cow-boys de retirer leurs bottes et leurs éperons avant de se mettre au lit. Ceux qui désiraient se faire servir dans leur chambre étaient prévenus que l'arrivée des mets au complet n'était pas garantie. Les serveurs étaient humains et pouvaient fort bien se laisser tenter par les plats chauds qu'ils transportaient.

Se levant lui-même très tôt, Harry ne tolérait pas que ses clients paressent au lit. Il avait fixé le lever à six heures pour tout le monde. À ceux qui rouspétaient, il répliquait vertement que l'application de ce règlement était nécessaire parce que le personnel devait utiliser les draps de lit des clients, en guise de nappes, dans la salle à manger.

Taylor Kamoose se faisait toujours attribuer les pourboires des visiteurs en promettant de les distribuer aux serveurs. En réalité, il les glissait au plus profond de sa poche de pantalon.

Fort Macleod étant la capitale des cow-boys, Harry se voyait dans l'obligation de louer son hôtel pour les réunions qu'organisaient les propriétaires des ranchs avoisinants. L'homme s'était toujours plus ou moins intéressé au bétail. Historiquement, c'est dans son hôtel que la première Association des propriétaires de ranchs de l'Alberta avait vu le jour en 1883. Onze fermiers avaient été à l'origine de la première association de la sorte dans la province.

Les réunions qui avaient toujours lieu sous la

direction de Taylor étaient assez houleuses. En effet, il appliquait aux membres de cette association le même traitement dont il usait pour se débarrasser des clients inopportuns. Ceux qui faisaient trop de tapage, buvaient trop ou clamaient leur désaccord d'une voix forte, étaient saisis à bras-le-corps par Taylor et jetés par-dessus la clôture entourant le jardin de l'hôtel. Le message était très vite compris.

La bonne marche de l'unique hôtel, qui attirait cependant un nombre toujours croissant de voyageurs, permettait à Harry de faire des économies. Les informations qui circulaient entre les membres de l'Association des propriétaires de ranchs lui étaient des plus utiles. Judicieusement, il investissait dans des terres situées près de Fort Macleod et au printemps de 1892, il était assez riche pour vendre son hôtel et se retirer dans ses terres.

Personne ne sait ce qui est arrivé par la suite à l'hôtel d'Harry Taylor Kamoose, mais une chose est certaine : sa réputation n'est pas tombée dans l'oubli.

L'image typique du Far West, telle que présentée dans les livres d'aventures ou les films populaires, concorde d'une manière étonnante avec les caractéristiques de l'hôtel de Fort Macleod.

Harry Taylor Kamoose est décédé en 1907 à Lethbridge, mais la légende de celui qui a dirigé l'unique hôtel de la petite ville est encore vivante, ajoutant une saveur épicée d'humour au patrimoine historique de l'Alberta.

VRIGNON

Le bison

Le bison est un animal sauvage recouvert de laine très fine et non pas de poil comme la plupart des bêtes. On peut distinguer la femelle du mâle par sa laine qui est plus longue. La tête du bison est d'une grosseur monstrueuse et son cou est fort et court. Il a une bosse entre les épaules et ses grosses pattes courtes sont couvertes d'une laine longue. Son corps par-devant est beaucoup plus gros que celui des boeufs. Malgré son poids très lourd, il se déplace très vite et le plus habile chasseur ne peut l'atteindre à la course.

À l'arrivé des premiers hommes blancs dans l'Ouest du pays, les Amérindiens des Prairies vivaient différemment de ceux de l'Est. Ils étaient avant tout des chasseurs au pays des bisons, devenu aujourd'hui le Sud de l'Alberta et de la Saskatchewan. L'herbe y était drue, courte et nutritive.

Comme les hordes de bisons sauvages erraient ça et là et ne restaient pas aux mêmes endroits, les Indiens suivaient leurs traces et se nourrissaient de leur chair. Le surplus de leur chasse était transformé en *pemmican*, sorte de viande séchée, pilée et mélangée à des baies sauvages. Les peaux servaient de vêtements aux Amérindiens alors que les ossements étaient utilisés pour la fabrication d'outils ou d'armes. L'estomac d'un bison pouvait même servir à transporter de l'eau ou de la viande. Aussi, les Amérindiens considéraient-ils ces bêtes énormes comme des dons que leur avait personnellement destinés le grand Manitou.

On estime qu'en 1815, il y avait environ soixante-dix millions de bisons dans les prairies. Lorsque la Police montée a fait son apparition dans l'Ouest, les bisons y circulaient encore par milliers. Cependant, après l'introduction des armes à feu par les Blancs, les hordes de bisons ont commencé à disparaître peu à peu.

Au début, les peaux de bisons se vendaient ou s'échangeaient facilement car la demande était grande. Un bon chasseur pouvait tuer jusqu'à deux mille bisons par saison. On rapporte que Baptiste Parenteau, un chasseur renommé, aurait tué seize bisons avec seize balles en un seule chasse. Même si la peau de bison ne valait que deux dollars, c'était un prix appréciable à l'époque.

À l'automne de 1830, un convoi de 820 charrettes quittait la Rivière-Rouge pour la chasse aux bisons. En 1835, on en comptait environ 970 et, en 1840, 1 200 charrettes se dirigeaient vers Pembina pour faire la chasse. La chasse aux bisons était alors si abondante que la région située entre Regina et Saskatoon était parsemée d'ossements. À la chasse de septembre 1845, les Métis ont abattu le nombre imposant de 1 776 bêtes. Heureusement, quelques-unes d'entre elles ont survécu et, un jour, on en a retrouvé plusieurs dans un ranch du Montana aux États-Unis. Le ranch appartenait à un fermier du nom de Michael Pablo.

En 1907, le gouvernement canadien a eu l'excellente idée d'acheter 700 bisons de Michael Pablo afin de les ramener au Canada et d'en préserver la race. Plus tard, en retraçant l'histoire des bisons de Pablo, on a découvert que ces animaux n'étaient pas américains mais plutôt canadiens.

Voici comment les choses se sont passées. Un

siècle plus tôt, un Amérindien du Montana avait abandonné sa famille et émigré au Canada. Après deux ans, voulant retourner chez lui et offrir des cadeaux à ses proches, il avait capturé quatre jeunes bisons. Ces bisons conduits au Montana allaient donc devenir les ancêtres du troupeau de Michael Pablo. Ainsi, lorsque le gouvernement fédéral faisait l'achat de bisons américains, il ne faisait que ramener dans leur pays d'origine des animaux canadiens.

Trente ans plus tard, on pouvait évaluer à environ dix-sept mille têtes, les bisons gardés dans trois parcs de l'Ouest canadien. Malheureusement, les animaux d'un de ces parcs ont été massacrés, au cours de la Seconde Guerre mondiale, parce que l'endroit avait été désigné pour des manoeuvres militaires.

* * *

Les bisons qui circulaient librement et en grand nombre dans les plaines immenses de l'Ouest canadien, avant l'ère de la colonisation, ont été victimes de la cupidité des hommes.

La fièvre de l'or

Vers 1890, la nouvelle que des mines d'or gisaient dans les terres du Yukon a déclenché une véritable contagion. C'était la fièvre de l'or. Le moment était propice. Beaucoup d'immigrants arrivaient dans l'Ouest canadien où la dépression régnait non seulement au pays mais aussi aux États-Unis. Les gens rêvaient de fortunes fabuleuses qu'ils pouvaient acquérir facilement. Selon un vieil adage, tous les chemins mènent à Rome mais, au temps de la découverte de l'or, tous les chemins menaient au Yukon. Certaines routes étaient plus rapides ou plus populaires que d'autres, telles celles de Chilkoot et du col de White Horse.

À cette époque, Edmonton qui faisait encore partie des Territoires du Nord-Ouest était un

VRIGNON

important centre de commerce de fourrures. Les employés de la Compagnie de la Baie d'Hudson avaient établi des routes et des voies d'eau allant d'Edmonton jusqu'à l'Arctique en passant par Fort Good Hope, ce qui facilitait les déplacements des chercheurs d'or. C'est ainsi que dès 1898, Edmonton était devenue une petite ville active où se rencontraient les hommes atteints de la fièvre de l'or. Là, on pouvait se ravitailler en vivres, en outils et en vêtements. La population grandissait au rythme de l'espoir qui remplissait les coeurs.

Les matériaux d'un prospecteur sérieux coûtaient de cent à trois cents dollars, selon ses goûts et ses moyens financiers. Mais la chose la plus importante demeurait le moyen de transport. Certains voyageaient à cheval, en chariot ou avec des boeufs. D'autres, doués d'imagination et de dispositions mécaniques, construisaient leurs propres véhicules. On parle d'une machine qui aurait fonctionné à la vapeur pendant un temps extrêmement court puisque le moteur était tombé en panne à l'heure du départ au centre de la ville.

Quand un Américain du Texas a annoncé l'invention d'une machine qui le conduirait avec son partenaire jusqu'au Yukon, situé à plus de 1 575 kilomètres d'Edmonton, il a fait sensation. Le jour du départ, une foule nombreuse s'était pressée pour voir partir les aventuriers et leur souhaiter bon voyage. Il faut dire que le véhicule faisait sensation. Selon Smith, il était simplement composé d'une série de barils de whisky disposés parallèlement, de barres de fer et d'une plateforme de bois pour les voyageurs, le tout tiré par un cheval. Tous les bagages étaient dissimulés à l'intérieur des barils, ce qui donnait aux futurs millionnaires l'allure de deux promeneurs. Malheureusement, l'imagination de Smith avait dépassé la qualité de sa technique. À peine sorti d'Edmonton, le véhicule s'était mis à cahoter sur une mauvaise route pour s'écrouler dans un grand fracas et répandre les provisions allant des haricots secs au café, sans compter les vêtements et les outils. L'échec sensationnel avait faire rire tout le monde en mettant immédiatement un terme au long voyage.

Les moyens de transport vers le nord semblaient des plus variés. Aussi, en 1899, un habitant de Chicago avait demandé s'il était possible d'aller d'Edmonton à Dawson City à tricycle. Un ardent sportif que les grandes distances n'effrayaient pas...

Deux hommes allaient passer à l'histoire et

même devenir des personnages légendaires : Sam Livington et James Gibbons, deux Irlandais à la recherche d'une fortune vite acquise. Ils se sont dirigés vers les régions du Nord, en 1862, où ils ont trouvé de l'or dans les rivières. Plus tard, James Gibbons allait être honoré par des citoyens qui avaient décidé de donner le nom du héros à une petite ville.

À cause de ses nombreux déplacements, Sam Livington a été obligé de vivre avec sa famille dans un tipi, avant de s'installer définitivement à Calgary. En 1878, grâce à l'argent amassé en vendant des pépites d'or, Livington a acheté des matériaux pour la construction de sa première maison. L'affaire allait faire sensation car, à l'époque, Calgary ne comptait qu'un fort, une série de tentes, de piètres abris de bois et quelques granges.

Cependant, Sam avait conservé la fièvre de l'or dans son sang. Régulièrement, il repartait vers les régions lointaines, à la recherche du métal précieux qui l'enrichissait de nouveau. Entre ses voyages, il cultivait son jardin. Il avait même eu l'idée de planter le premier potager de l'Alberta. Directeur de la Société agricole de la province, fondée en 1884, il s'intéressait également à l'élevage du bétail.

Sam Livington, pionnier, fermier, prospecteur et propriétaire de la première maison de Calgary, reste le symbole de la réussite des hommes atteints de la fièvre de l'or. Mais pour un gagnant, combien de perdants sont revenus du Yukon, brisés, découragés et ne possédant plus que leur vêtements sur le dos.

Hélas! c'était le risque à courir – ou le prix à payer – pour participer à cette grande et inoubliable épopée.

Le blé

Peu de plantes ont autant de valeur nutritive que le blé. On pense que le blé a d'abord été cultivé en Asie, mais la véritable origine de sa culture se perd dans la nuit des temps. On parle du blé dans la mythologie où les Romains le considéraient comme un don fait à l'humanité par la déesse Cérès. Cette idée s'est perpétuée jusqu'à nos jours avec l'usage du mot « céréale ».

Étant l'une des nourritures de base des premiers pionniers canadiens, le blé a pris une importance capitale dans notre histoire. Avant de partir en voyage, on ne manquait jamais d'en glisser plusieurs poignées dans un sac. Et quand on s'installait quelque part, on le plantait après le défrichement d'un morceau de terrain. Le plus

VRIGNON

modeste champ de blé marquait alors l'établissement d'une communauté.

Les pionniers d'origine écossaise, venus s'installer sur les bords de la rivière Rouge vers 1812, s'étaient soucié de mettre dans leurs bagages quelques grains de blé pour les semer dans la région qui allait devenir le Manitoba. Au début, les Écossais obtenaient des récoltes médiocres, comme celle de 1814 qui comptait seulement 29 boisseaux. En août 1818, des nuées de sauterelles s'abattaient dans leurs champs pour y déposer leurs oeufs. Au printemps de l'année suivante, suite à la destruction complète de leurs récoltes, les colons allaient souffrir terriblement de la faim. Deux ans plus tard, comme la situation ne s'était pas améliorée, ils se rendaient aux États-Unis pour acheter du blé. C'était la seule façon de sauver la colonie.

En 1822, les colons étaient de nouveau retournés aux États-Unis pour se procurer du blé car les souris avaient ravagé leurs champs. Les pionniers avaient raison de s'inquiéter de leur subsistance. Les récoltes de 1847, 1858 et 1863 furent presque nulles. En 1868, en récoltant seulement 1 200 boisseaux, au lieu de 15 000 comme l'année précédente, les colons firent face à une grande catastrophe. Ils se devaient de prendre une décision.

Ou bien ils abandonnaient la culture du blé, ou bien ils se procuraient des grains de semence venus d'ailleurs. Après maintes délibérations, ils se sont rendus à la Prairie-du-Chien dans l'état du Wisconsin ; là, ils ont acheté 250 boisseaux de blé pour l'utiliser au Manitoba. C'était le Fife, un blé qui devait donner d'excellents résultats. Mais, si le Fife avait été acheté au Wisconsin, il venait de l'Ontario où les agricultueurs l'utilisaient depuis 1842. Cette étonnante histoire du blé de Fife mérite d'être racontée.

En 1840, une famille écossaise, les Fife, s'était établie à Petersborough en Ontario. Un membre de cette famille, David Fife, se passionnait pour la culture du blé et expérimentait un nouveau blé en se servant de grains d'origine étrangère. Pour arriver à ses fins, il avait correspondu avec un ami de Glasgow à qui il avait demandé divers grains de blé utilisés en Europe.

Un jour, une des lettres de Fife était arrivée en Écosse au moment où un bateau chargé de blé russe en provenance de Danzig, Allemagne, était ancré dans le port de Glasgow. L'ami écossais de Fife, qui ne pouvait même pas prendre une simple poignée de blé, a eu l'idée ingénieuse de laisser tomber son chapeau dans la soute à blé. Comme il réclamait son chapeau, le capitaine du bateau lui a accordé la permission de monter à bord. Il a eu l'heureuse chance de récupérer son chapeau et de trouver des grains de blé logés dans sa doublure. L'Écossais les a aussitôt envoyés à David Fife qui les a plantés dans un champ de l'Ontario.

Les résultats obtenus ont été au-delà de toute espérance. D'un naturel généreux, Fife a distribué son échantillon de blé à ses voisins et à ses amis. En peu de temps, on a retrouvé le blé de Fife non seulement cultivé dans la province de l'Ontario mais encore aux États-Unis, dans les états du Michigan et du Wisconsin, C'est là que les pionniers du Manitoba devaient se rendre, en 1868, pour en acheter. Le blé de Fife a fait merveille au Manitoba. Les récoltes étaient superbes. C'est pourquoi la province de la Saskatchewan a décidé, à son tour, de s'adonner à la culture du blé.

Une année, alors que les agriculteurs de l'Ontario se plaignaient de leur très mauvaise récolte, la compagnie Steel Brothers de Toronto a envoyé des représentants à Fort Gary, maintenant Winnipeg, pour se procurer des grains de blé. Cette fois-là, les Ontariens ont acheté 5 000 boisseaux à 80 cents le boisseau, plus 5 cents de commission. C'était la première fois dans l'Ouest canadien qu'on vendait du blé, au lieu de l'échanger contre des chevaux, du *pemmican*, des fusils ou des ustensiles de cuisine. Il va sans dire que cette première vente de blé a été un facteur important dans la construction du chemin de fer à travers le Canada. L'Ouest canadien avait enfin autre chose à offrir que des fourrures.

Pendant plusieurs années, l'Ontario a acheté du blé au Manitoba et en Saskatchewan. Cependant, vingt-cinq ans après l'achat au Manitoba par la compagnie Steel Brothers des premiers boisseaux, l'Ouest du Canada avait déjà 50 millions de boisseaux de blé à vendre.

Le Manitoba, la Saskatchewan et l'Alberta ont continué à produire chaque année des récoltes de plus en plus importantes. En 1976, à l'occasion du centenaire de l'introduction du blé de Fife dans l'Ouest canadien, les agriculteurs récoltaient 800 millions de boisseaux de blé dont les deux tiers étaient réservés à l'exportation.

Parce qu'au siècle dernier, un Écossais, David Fife, avait recueilli quelques grains de blé russe dans un bateau allemand ancré à Glasgow, le Canada allait devenir l'un plus grands exportateurs de blé du monde.

Le premier rodéo
conte

Iana-Ha Poucette était une petite Indienne qui habitait la réserve de Morley, à proximité de la ville de Calgary. Les Indiens de cette région de l'Ouest canadien faisaient partie de la tribu des Stoneys. Iana-Ha avait huit ans. Elle avait de longs cheveux noirs qu'elle coiffait en deux nattes. À l'école de la réserve, elle étudiait en anglais les matières scolaires, le matin, et la langue stoney, l'après-midi.

Elle vivait avec sa nombreuse famille dans une maison au haut d'une colline. Tous les Indiens de la réserve avaient de petites maisons et de grandes familles. Leurs ancêtres avaient vécu dans des tipis.

TURGEON

C'étaient des tentes coniques en peau de bison. L'été, Iana-Ha aurait aimé vivre dans un tipi, mais l'hiver il faisait trop froid et il était impossible d'y installer un chauffage central. Certains Indiens de la réserve de Morley, pour faire un peu d'argent, construisaient des tipis qu'ils vendaient aux touristes de la région.

Iana-Ha avait trois frères et trois soeurs, deux oncles, une tante et une grand-mère qui habitaient avec ses parents. La grand-mère, très âgée, était malade et tout le monde pensait qu'elle partirait bientôt pour le pays du Grand Manitou. L'un des oncles et le père de Iana-Ha s'occupaient des touristes et les amenaient à cheval faire des excursions de deux à trois semaines dans les prairies et les montagnes. Le second oncle était un policier stoney chargé de maintenir l'ordre dans la réserve. Parfois, certains Indiens voulant imiter les hommes blancs buvaient beaucoup d'eau-de-feu. Cela les rendait agressifs, stupides et malades. Le policier avait toujours des histoires d'ivrognes à raconter. Très souvent, on l'appelait dans une maison où quelqu'un était ivre et se conduisait mal. L'oncle grommelait et s'y rendait très vite au volet de sa vieille auto.

Depuis quelque temps, Iana-Ha avait un gros

secret. Elle se préparait pour le rodéo des Petites-Culottes. Ces jeux avaient lieu chaque année à la fin du mois de juin à High River, dans le Sud de l'Alberta. High River était une toute petite ville très connue pour ses rodéos. Celui des Petites-Culottes était réservé aux enfants, à partir de huit ans. Iana-Ha venait de célébrer son huitième anniversaire de naissance. Pour la première fois, elle allait prendre part à ce célèbre rodéo auquel se rendaient presque tous les habitants de Morley.

Chaque année, des petits Indiens s'y distinguaient. Iana-Ha espérait bien être du nombre. Il y avait plusieurs épreuves au rodéo des Petites-Culottes. La première consistait à faire tourner un cheval au galop autour de tonneaux disposés à plusieurs mètres les uns des autres, et cela sans les faire tomber. La seconde épreuve voulait que des veaux lâchés dans l'arène soient adroitement attrapés au lasso. Pour la troisième et la plus redoutable de toutes, on devait chevaucher de jeunes taureaux qui tâchaient de se débarrasser des cavaliers le plus rapidement et le plus brutalement possible. On devait rester une minute entière sur l'animal. À l'entraînement, Iana-Ha s'était rendu compte combien la durée d'une minute pouvait être longue.

La petite fille s'entraînait tous les jours avec son cheval dans le but de réussir les deux premières épreuves. Tout le monde savait qu'elle se préparait en vue du célèbre rodéo de High River. Mais ce que personne ne pouvait deviner, et c'était là son grand secret, c'est que son cheval parlait... Elle possédait un cheval magique.

Le père de Iana-Ha l'avait trouvé l'hiver précédent, le long de la rivière. Il était de taille moyenne, de couleur marron avec cinq taches blanches sur la tête. Après l'avoir attrapé au lasso, monsieur Poucette en avait fait cadeau à sa fille aînée. Selon lui, il était temps pour elle d'apprendre à monter un cheval comme un vraie Indienne savait le faire. C'est-à-dire, sans selle et sans étrier. Le jeune cheval était très doux et très obéissant. Iana-Ha l'avait baptisé Zap Tah, nom qui veut dire « cinq » en langue stoney. Elle faisait de longues randonnées avec lui, le long de la rivière Bow et, comme elle était bavarde, elle causait continuellement avec lui. Zap Tah semblait comprendre tout son bavardage car il agitait les oreilles, bougeait les yeux, reniflait et hochait la tête. Le jour où Iana-Ha lui fit part de son intention de s'inscrire au rodée des Petites-Culottes, Zap Tah lui répondit en langue stoney :

– Ne t'inquiète pas. Je tournerai très vite autour des tonneaux, au grand galop, et tu vas gagner le prix. Je sais également comment persuader les veaux de se laisser prendre au lasso.

Iana-Ha, très surprise d'entendre parler Zap Tah, s'exclama :

– Comment ? Tu peux parler ?

– Mais, oui. Je suis un cheval magique.

– Mais qui t'a appris à parler ?

– Personne. Je parle depuis ma naissance.

– Alors, d'où viens-tu ?

Zap Tah prit un air mystérieux et répondit :

– De très loin. Du pays indien des chevaux magiques. Je voulais découvrir le monde et c'est pourquoi je suis venu visiter la réserve des Stoneys. Monsieur Poucette m'a attrapé au lasso pour te faire un cadeau. Puisque je suis avec toi, aussi bien t'aider à remporter un prix au rodéo. Et comme je suis un cheval très rapide, tu n'as pas à t'inquiéter.

Et il ajouta d'un ton sérieux :

– Mais tu dois me promettre de faire ce que je te demanderai. C'est tout ce que je désire.

– Mais je te donnerai une récompense, dit Iana-Ha. Qu'est-ce que tu veux ?

– Je te le dirai trois jours avant le rodéo.

– Pourquoi pas tout de suite ?

– Non, dit Zap Tah. Le Grand Esprit a dit de prendre les choses comme elles viennent. Trois jours avant le rodéo, ce sera suffisant. Il ne faut jamais prévoir trop de choses à l'avance.

– Alors, c'est entendu, reprit Iana-Ha avec empressement.

Elle s'attendait à ce que son cheval lui demande une provision de sucre ou une couverture d'hiver. Il voudrait peut-être une selle comme celle des cow-boys. Puisqu'il était un cheval magique, il avait certainement des idées très bizarres.

Cette entente fut le début d'une grande amitié entre le cheval et sa cavalière. Cette dernière parlait sans cesse, disait tout ce qui lui passait par la tête. Zap Tah écoutait et, de temps à autre, donnait son avis. Il lui raconta des histoires du passé. C'est ainsi que Iana-Ha apprit que les Indiens de l'Ouest n'avaient pas toujours eu des chevaux en leur possession. Avant d'en avoir, ils se servaient de grands et gros chiens pour transporter leurs effets, pendant qu'ils allaient à pied.

Zap Tah ajouta :

– Il y a plus de deux cents ans, quand les Indiens on commencé à comprendre la grande utilité des chevaux, ils ont compris que cela allait changer leur vie entièrement. Les Indiens du Sud furent les premiers à monter un cheval. En Alberta, la tribu du Serpent, installée près de la rivière Bow, se servit de chevaux pour la chasse et les déplacements. Immédiatement, les autres tribus furent remplies de jalousie et voulurent se procurer des chevaux, à leur tour. C'est alors que la tribu des Pieds-Noirs vola des chevaux aux Indiens du Serpent, que les Cris en volèrent aux Pieds-Noirs et que les Assiniboines en volèrent à droite et à gauche.

– Quelle époque ! soupira la petite Indienne. Il devait y avoir des voleurs de chevaux partout...

– Hé ! oui, répondit le cheval. Mais, en peu de temps, les Indiens de toutes les tribus dans les prairies devinrent d'excellents cavaliers.

– Cela a duré longtemps ?

– Cela a duré jusqu'à la signature du traité numéro 7, qui a eu lieu au Carrefour Pied-Noir, près de la rivière Bow. C'était vers 1877, quand les Pieds-Noirs, les Stoneys, les Piéganes et les Sarcis ont accepté de laisser leurs terres aux hommes blancs pour aller vivre dans des réserves.

– C'était un gros changement de vie pour eux, soupira Iana-Ha.

– Tu peux le dire. Les Indiens ont regretté énormément le style de leur vie primitive, alors qu'ils avaient la liberté de circuler où ils voulaient et quand ils le voulaient. Peu à peu, ils ont perdu l'habitude de voyager à cheval. Il faut dire que l'homme blanc leur a apporté de vilaines choses comme le fusil et l'alcool, mais aussi de bonne choses comme la voiture, la radio et la médecine.

– Les Indiens ne pourront jamais vivre exactement comme des Blancs, dit Iana-Ha d'un ton sentencieux. Le grand chef Bison-qui-marche a dit que le Grand Manitou avait créé les Indiens pour qu'ils restent des Indiens. Il vaut mieux être un bon Indien qu'une imitation de Blanc.

– C'est tout à fait vrai, réprit Zap Tah.

Maintenant, Iana-Ha, viens t'entraîner à lancer un lasso.

La fillette pratiquait la technique du lasso chaque jour. Comme il n'y avait pas toujours des veaux à attraper dans son entourage, elle utilisait ce qu'elle pouvait pour les remplacer. Souvent, l'un de ses petits frères lui offrait ses services. Il se mettait à courir et Iana-Ha lançait adroitement la longue corde qui se déroulait. Mais parfois, le petit frère ne voulait plus endurer de se faire écorcher par cette corde, il pleurait et refusait de continuer à jouer. Alors, après l'avoir consolé de son mieux, la petite fille plaçait au milieu de la cour une chaise qui lui servait de cible. Mais ce truc-là ne valait jamais un petit veau courant de tous côtés.

* * *

Quelques jours avant le grand événement, Ian-Ha alla voir le chef Patte d'Ours pour s'assurer de sa participation au rodéo des Petites-Culottes. Il habitait près de l'école. Pour s'y rendre, il fallait passer devant la clinique et contourner l'église, où un prêtre blanc officiait le dimanche. Le chef Patte d'Ours, qui était âgé, portait deux longues tresses noires et des lunettes. Les jours de fête, il mettait sa coiffure de chef indien. La petite fille, qui le trouva devant sa maison en train de sculper une racine d'arbre, lui expliqua le but de sa visite.

– Attends, il faut que je consulte ma liste, dit le chef. Pouce... Poucette. Oui, tu es bien là. Iana-Ha Poucette, huit ans, avec son cheval Zap Tah. Comment est-il ton cheval ?

– Il est extraordinaire.

– Moi, aussi, j'ai eu un cheval extraordinaire vers l'âge de huit ans. Il y a soixante ans de cela, soupira Patte d'Ours. En ce temps-là, on trouvait encore des bisons dans les prairies...

– Maintenant, les bisons qui restent sont dans des réserves, répondit Iana-Ha.

– Oui, et le pemmican est devenu rare.

– Grand-mère en faisait souvent avant d'être malade, mais pas avec de la viande de bison, seulement avec du boeuf, et quelquefois avec de la viande d'ours.

Iana-Ha souriait. Elle se souvenait de sa grand-mère préparant la viande séchée avec tous les enfants autour d'elle qui essayaient de lui voler des bribes de viande.

– Tout change, déclara Patte d'Ours d'un air triste. Heureusement, nous avons conservé plusieurs de nos coutumes à travers les âges. Seras-tu au pow-wow, ce soir ?

– Oh ! oui. Toute la famille y sera. À bientôt, chef, il faut que j'aille me préparer.

Elle fit ses adieux au chef et rentra chez elle. À la maison, tout le monde s'affairait. Son père avait revêtu son costume de cérémonie fabriqué de cuir blanc avec des franges le long des manches. Il était à fixer sa coiffure faite de plumes que sa femme avait teintes en plusieurs couleurs. L'une de ses petites soeurs avait déjà tressé ses cheveux et mis un pendentif et des boucles d'oreilles. Le plus âgé de ses oncles était en train de chausser ses mocassins. Le grand-mère, elle, bien que tremblante sur ses jambes, posait son long châle noir sur son dos courbé.

– Ce sera mon dernier pow-wow et je le sens bien, dit-elle sans trop de tristesse. Iana-Ha, viens m'aider à mettre mes bottes de chevreuil. J'ai du mal à me pencher.

Iana-Ha lui obéit avec joie et alla ensuite enfiler sa jolie robe, taillée dans une peau marron et artistiquement brodée de perles fines.

– Tu es très jolie, lui dit sa tante, en peignant sa longue chevelure.

– Où est l'oncle Na-Bru ?

– Il travaille ce soir, répliqua madame Poucette. Il faut toujours des policiers au pow-wow pour prévénir les disputes. Il y a aussi les gens qui boivent trop d'eau-de-feu et importunent les danseurs qui veulent s'amuser.

La famille Poucette s'entassa dans l'auto et partit en direction du centre culturel de la réserve. Iana-Ha vit plusieurs voitures remplies de femmes et d'hommes blancs qui s'arrêtèrent devant le bâtiment. Les Blancs aimaient beaucoup les pow-wow, c'était pour eux l'occasion d'admirer les costumes et parfois, d'apprendre des danses indiennes.

Peu de temps après, la fête commença. Les chefs de la tribu revêtus de costumes splendides firent un tour de danse d'honneur. Puis, ils furent rejoints par les autres membres. Les gens dansaient les uns derrière les autres en formant un grand cercle. Iana-Ha, ses frères et ses soeurs dansèrent tant qu'ils purent. Même la grand-mère fit quelques pas autour de la piste. Elle avait du mal à respirer mais elle y allait lentement. Elle aimait tellement les pow-wow !

Il y eut des numéros de danses avec des cerceaux, puis ce furent les toujours remarquables danses de poules. Les tambours résonnèrent tard dans la nuit.

Iana-Ha s'endormit sur le chemin du retour, en compagnie de ses frères et soeurs. Pendant la nuit, elle rêva de costumes colorés, de perles, de tambours et de mocassins brodés.

Le lendemain, à son réveil, il faisait tellement beau qu'elle ne termina même pas son déjeuner, pressée qu'elle était d'aller retrouver Zap Tah.

* * *

Iana-Ha décida de conduire son cheval le long de la rivière. Elle le trouva qui broutait dans un champ derrière la colline, en compagnie de chevaux sauvages qui circulaient librement. Ces chevaux n'appartenaient à personne ou plutôt, ils appartenaient à tout le monde. Parfois, l'un des habitants de la réserve en capturait un au lasso. C'était presque toujours un cheval plus facile à dresser que ses aînés.

Iana-Ha remarqua un poulain noir qui se tenait près de sa mère. Elle se dit que, une fois le rodéo des Petites-Culottes terminé, elle l'attraperait pour le dresser et en faire cadeau à son frère cadet. Il désirait tellement avoir un cheval à lui depuis qu'elle possédait le sien. En l'apercevant, Zap Tah se dirigea vers elle en trottant et lui dit :

– Bonjour, il y a un chinook, aujourd'hui.

– Ce n'est pas l'hiver. Les chinooks ne viennent qu'en hiver.

– C'est vrai. Alors ce n'est qu'une brise et j'ai pensé que c'était le chinook. J'ai fait erreur. En tout cas, je sais que c'est le chinook qui a amené les pionniers dans l'Ouest canadien, surtout dans la province de l'Alberta.

– Pourquoi ? lui demanda-t-elle en sautant sur son dos.

– Parce que le chinook est un vent chaud qui vient des montagnes Rocheuses et qui fait fondre la neige. Ainsi, au beau milieu de l'hiver, les pionniers pouvaient jouir du beau temps pendant deux à trois jours. Cela rendait leurs conditions de vie plus supportables. Il y une légende indienne qui veut que le chinook ne soit pas un vent chaud mais une jeune fille. Aimerais-tu la connaître ?

– Oui, oui, raconte-la-moi, Zap Tah.

– Un jour, une jeune fille du nom de Chinook partit faire une promenade. Elle quitta le tipi des siens et se dirigea vers les montagnes. Elle ne revint ni le soir, ni le lendemain, ni le surlendemain. On se mit à sa recherche et on l'appela jusqu'à ne plus avoir de voix. Toujours aucune réponse, pas de Chinook. La jeune fille avait disparu.

– Que c'est triste ! s'exclama Iana-Ha. Était-elle jolie ?

– Très jolie. Presque aussi jolie que toi, répliqua le cheval. Elle avait de longs cheveux et de grands yeux noirs, de belles dents blanches, et elle portait des robes brodées de perles. Toute la tribu se désola le jour de sa disparition. Un jour, un vent chaud souffla doucement. Les anciens de la tribu hochèrent la tête en se regardant et l'un d'eux dit :

– Voilà, c'est le souffle de notre petite Chinook.

Et l'on cessa de la chercher. À partir de ce moment, chaque fois qu'un vent chaud, qu'un chinook passait, tous les enfants des tribus indiennes de l'Alberta sortaient de leurs tipis et remerciaient à haute voix la belle jeune fille de la légende qui leur permettait de jouer dans la neige, par une température soudainement adoucie.

– Quelle belle légende ! dit Iana-Ha. Je vais la raconter à mes frères et soeurs. J'aime beaucoup les chinooks, ils rendent nos hivers moins longs.

Fier de lui, Zap Tah se mit à trotter, la tête très haute. Quant à Iana-Ha, elle voulait galoper.

– Dis, Zap Tah, si l'on galopait comme nous le ferons dans quelques jours au rodéo.

* * *

Les deux firent une très longue randonnée et ne rentrèrent que tard dans la soirée. Comme ils se dirigeaient vers la maison, Iana-Ha remarqua un groupe d'Indiens assis autour d'un feu de camp près de la maison du chef, Patte d'Ours.

– Allons les voir, commanda Zap Tah.

Iana-Ha l'attacha à la barrière et se dirigea

vers les Indiens. Son père la salua et tout le monde se retourna pour lui sourire. Depuis qu'elle avait décidé de participer au rodéo, elle savait qu'elle était devenue plus importante. Pourvu que je fasse honneur à la tribu, se disait-elle souvent.

– Comment va l'entraînement ? demanda son père.

– Bien. Aujourd'hui, j'ai fait une longue promenade avec Zap Tah et demain, je m'exercerai à lancer le lasso. Il faisait si beau aujourd'hui que j'en ai profité. Le paysage le long de la rivière est merveilleux.

– Ah ! fit un vieil Indien, les montagnes Rocheuses sont toujours splendides quand le temps est clair.

Les têtes se tournèrent en même temps vers les crêtes pour les admirer en silence. Après quelque temps, Pierre Cardinal annonça :

– Ce soir, il y a un film au centre culturel. C'est sur le chef indien, Jeune-Bison Longue-Lance.

– Jeune-Bison Longue-Lance n'était pas un vrai chef indien, répliqua d'un ton grave le chef, Jean Neige, assis à côté de son vieil ami, Patte d'Ours.

Toute sa vie il a dit qu'il était un vrai Indien, mais ce n'était pas vrai. Mon père l'a bien connu.

– Pourquoi a-t-il pris le titre de chef indien alors ? demanda monsieur Poucette.

– Les Indiens et les Blancs se sont trompés sur son compte. Il imitait tellement bien les Indiens que personne ne pouvait deviner qu'il était un homme blanc. Asseyez-vous, je vais vous raconter la vraie histoire de Jeune-Bison Longue-Lance.

On mit d'autres bûches dans le feu de camp. Le chef Jean Neige se râcla la gorge, retira ses bottes pour se mettre à l'aise et commença :

– Le chef indien Jeune-Bison Longue-Lance fait toujours figure de héros dans l'Ouest canadien. Il devint une personnalité de Calgary il y a une cinquantaine d'années. Il alla aux États-Unis où il fut accueilli comme une grande vedette. Il avait d'abord commencé une carrière de journaliste au *Calgary Herald,* un quotidien de l'Alberta. Ensuite, il fit toutes sortes de reportages sur les Indiens des plaines dans un grand nombre de journaux et de magazines de l'Amérique du Nord. Imaginez qu'il rédigea même sa biographie dans laquelle il se disait indien, qu'il vivait dans un tipi et qu'il connaissait toutes les coutumes indiennes.

Mais il devint encore plus célèbre après la publication de son livre. Les hommes blancs l'aimaient et l'admiraient beaucoup. Aussi, les Pieds-Noirs qui vivaient dans une réserve au sud de Calgary décidèrent de l'élever au rang de grand chef.

Jeune-Bison Longue-Lance joua même dans un film à Hollywood. Les Indiens des diverses tribus de l'Alberta étaient très fiers de lui. Mais cet homme-là n'était pas un Indien. Il était né aux États-Unis de parents noirs qui avaient peut-être du sang indien d'ancêtres lointains... Mais ce métissage, Jeune-Bison Longue-Lance ne pouvait le prouver. Il avait eu la chance quand il était encore adolescent d'apprendre d'un ami acteur à parler la langue de la tribu Cherokee pour être admis dans une école indienne. Avec les années, il joua tellement bien son rôle que même les Indiens se trompèrent sur sa véritable identité.

– Et il n'a jamais été trahi ? Personne ne lui a jamais dit qu'il était un grand menteur ? demanda Iana-Ha, d'un ton de révolte.

– Il y en avait qui le savait, répliqua le chef Jean Neige, mais personne n'a rien dit de son vivant.

– Pourquoi ?

– Je crois qu'on avait un peu pitié de lui parce qu'il souffrait lui-même de ses mensonges et qu'il ne pouvait plus rétablir la vérité.

– Comment ça ?

– Un jour, son père qu'il n'avait pas vu depuis une vingtaine d'années tomba malade. Comme la famille était pauvre, elle demanda à Jeune-Bison Longue-Lance de l'aider financièrement. Il envoya de l'argent mais il n'alla pas voir son père. Sa visite là-bas aurait détruit la légende qu'il entretenait. Pensez donc, il avait changé plus de six fois son âge et le lieu de sa naissance.

– Quand est-il mort ?

– Jeune-Bison Longue-Lance est mort mystérieusement près de la ville de Hollywood.

Après ce récit, le chef Jean Neige sortit un mouchoir de sa poche et s'épongea le front. Raconter des histoires le fatiguait toujours. Il soupira profondément et poursuivit :

– Le livre de Jeune-Bison Longue-Lance sur sa vie dans un tipi du Montana est très intéressant. Ce n'est pas une vraie biographie mais on y trouve de bons renseignements sur les Indiens. Voyez-vous, c'est parce qu'il aimait beaucoup les Indiens qu'il a voulu se faire Indien. En tout cas, on peut dire qu'il a réussi à leurrer beaucoup de gens puisque les tribus ont fini par le reconnaître comme l'un des leurs et par lui donner le titre de grand chef.

Le chef se tut, se leva en annonçant qu'il était fatigué. Ses auditeurs le remercièrent chaleureusement de son récit fort apprécié. Zap Tah alla rejoindre les chevaux sauvages de la réserve. Iana-Ha et son père allèrent dormir à leur tour.

En se mettant au lit, la fillette se souvint qu'elle n'était plus qu'à trois jours du rodéo des Petites-Culottes. Zap Tah allait lui révéler demain ce qu'il attendait d'elle, en échange de l'aide qu'il s'apprêtait à lui apporter.

* * *

Iana-Ha rappela à son cheval qu'il devait lui dire ce qu'il voulait comme récompense s'ils remportaient un prix au rodéo de High River.

– Voici, dit le cheval, je te ferai gagner et, en

échange..., attends, approche-toi. Il faut que je te le dise bien bas à l'oreille.

Iana-Ha écouta attentivement le cheval et ouvrit de grands yeux.

– C'est vraiment ce que tu désires ?

– C'est mon plus grand souhait.

– Je ne m'attendais vraiment pas à une telle chose...

– Tu acceptes ?

– Oui, je suis d'accord.

La petite Indienne leva la main vers le ciel et prononça d'un ton solennel :

– Le Grand Manitou en est témoin, je tiendrai promesse.

En fin d'après-midi, après quelques heures d'entraînement, Iana-Ha eut une idée qu'elle communiqua à son cheval :

– Je crois que nous devrions aller voir Ala Pikoon. Le connais-tu ? C'est un excellent sorcier. Il possède des racines et des herbes qui donnent des forces. Nous en aurons besoin le jour du rodéo.

– Je ne l'ai jamais vu mais je serai content de faire sa connaissance.

Les deux se dirigèrent au pas vers la demeure du sorcier où, malheureusement, sa femme leur apprit qu'il était parti chercher des plantes dans la montagne.

En entendant Iana-Ha dire qu'elle participerait au rodéo des Petites-Culottes avec son cheval, la femme leur souhaita bonne chance. Elle lui offrit aussitôt une racine à mâcher et à Zap Tah une poignée d'herbes tout à fait spéciale.

La petite fille la remercia poliment et se mit à mâcher la racine amère, encore souillée de terre. Elle était certaine que cela lui donnerait une force et une agilité extraordinaires. Quant à Zap Tah, il avala la poignée d'herbe en riant sous cape. Quel besoin un cheval magique avait-il de cette herbe ? Néanmoins, pour ne pas vexer la femme du sorcier et déplaire à Iana-Ha, il ne dit pas un mot.

* * *

Enfin, le grand jour arriva. En s'éveillant, ce matin-là, Iana-Ha sut que c'était le plus beau jour de sa vie. Elle s'habilla à la hâte, déjeuna très vite et se précipita dans l'enclos de son cheval. On devait transporter tous les chevaux des participants au rodéo dans d'énormes camions. Le petite fille tenait absolument à être présente lors du départ de Zap Tah. La veille, les montures des participants avaient été parquées dans un champ réservé à leur usage.

Iana-Ha, la plus jeune de tous, fut intimidée à la vue des autres Indiens qui avait l'expérience des rodéos. Cependant, ils lui avaient déjà prodigué de précieux conseils et elle leur en était très reconnaissante. Elle arriva au moment où l'on poussait Zap Tah vers l'arrière du camion.

– Attendez ! Attendez ! cria-t-elle.

Au son de sa voix, le cheval tourna la tête vers elle et secoua sa belle crinière reluisante. Cela signifiait que tout allait bien et qu'elle n'avait pas à s'inquiéter. Iana-Ha lui passa les bras autour du cou et lui chuchota :

– À bientôt ! Je suis certaine que nous allons gagner.

Zap Tah hocha la tête en signe d'acquiescement. Évidemment, il ne pouvait pas parler devant ceux et celles qui étaient venus assister au départ des chevaux. On aurait su qu'il n'était pas un cheval comme les autres.

– Recule, Iana-Ha, que je fasse monter ton cheval sur la plate-forme du camion, dit le vieil Indien qui tenait Zap Tah par la bride.

Elle s'éloigna à regret et le camion démarra. Tous les enfants de la réserve regardaient les participants avec des yeux pleins d'admiration. Il y avait là des enfants très jeunes, d'autres plus âgés que Iana-Ha ; ils ne savaient pas ou n'osaient pas monter un cheval.

– Nous allons tous allés t'applaudir au rodéo, dirent-ils à Iana-Ha. Bonne chance !

Une heure plus tard, les autocars destinés aux habitants de la réserve arrivèrent. Les gens commencèrent à s'y installer. Iana-Ha était à la fois fière et effrayée de voir autant d'Indiens qui allaient être témoins de ses prouesses. Elle n'était pas une professionnelle et ne le savait que trop. Sur le point de monter dans l'autocar, on se mit à l'encourager et à lui répéter les mêmes conseils. On parla de son cheval, des rodéos auxquels elle pourrait participer plus tard. À son tour, le chef Patte d'Ours l'aperçut et dit :

– Bonne chance, Iana-Ha. Je ne serai pas au rodéo mais n'oublie surtout pas de venir me raconter tes exploits.

– Bien sûr, bien sûr. C'est promis.

Ses parents arrivaient maintenant avec ses frères et ses soeurs accompagnés des deux oncles. Mais elle ne voyait ni sa grand-mère, ni sa tante. Elle désirait tellement que sa famille soit présente au complet. C'était le plus grand événement de sa courte vie.

Très déçue, elle demanda à son père qui répondit à voix basse :

– Ta grand-mère ne se sentait pas bien, alors nous l'avons laissée avec ta tante et une voisine qui prendront soin d'elle.

Quand les autocars s'ébranlèrent, elle serra son lasso très fort contre elle. Encore quelques heures et elle sera de retour à la réserve avec une victoire... ou une défaite à raconter à sa grand-mère. Iana-Ha soupira longuement. Une victoire ! oui, il fallait que ce soit une VICTOIRE.

Deux heures plus tard, les autocars atteignirent High River. Les enfants sautèrent du marchepied à la course tandis que les adultes usèrent de prudence. Iana-Ha qui connaissait bien les lieux se dirigea vers le corral pour y revoir Zap Tah.

– Va faire une promenade avant le rodéo, lui dit son cheval qui paraissait très paisible. En clignant de l'oeil, il ajouta : Moi, je me sens bien, on vient de me donner à boire.

Voyant que les autres chevaux les écoutaient avec curiosité, Iana-Ha s'éloigna du sien après lui avoir fait un petit signe d'amitié. Elle s'acheta un gâteau et un Coca-Cola et avertit sa famille qu'elle allait se promener aux alentours du terrain de la foire.

Il y a toujours une foire qui se tient en même temps qu'un rodéo en Alberta. Iana-Ha s'arrêta devant les manèges, les balançoires et les stands de tir. Il y avait beaucoup de poussière mais l'atmosphère était à la fête. On s'amusait beaucoup et on riait énormément. La grande majorité des visiteurs était vêtue de jeans, de bottes de cowboys et arborait le célèbre chapeau de l'Ouest. Il flottait dans l'air une odeur de foin, de frites et de hot-dogs.

Iana-Ha revint très lentement sur ses pas et marcha vers le stade où les Stoneys se trouvaient tous au premier rang. Le rodéo allait bientôt commencer. Elle agita la main et courut retrouver Zap Tah. Une cloche sonna et les participants se mirent en branle pour faire le tour d'honneur. La reine et les deux princesses du rodéo se placèrent en tête. Avec leurs costumes aux couleurs gaies, leurs gants et leurs chapeaux blancs, elles étaient resplendissantes. L'hymne national retentit dans les hauts-parleurs.

Étourdie par la musique et la foule de visages, Iana-Ha monta sur le dos de son cheval pour trotter allégrement dans le défilé. Elle savait que sa famille et ses amis lui lançaient des mots d'encouragement mais comme ils n'étaient pas les seuls à crier et à gesticuler, elle avait du mal à les distinguer dans le stand.

Quand la musique cessa, un roulement de tambour se fit entendre et une voix au micro annonça :

– Mesdames et Messieurs, le rodéo des Petites-Culottes de High River, réservé aux enfants !

Iana-Ha fut prise de panique. Mais il était trop tard pour reculer.

* * *

On annonça la première épreuve et on invita le groupe des huit ans. Il s'agissait de galoper autour de neuf tonneaux, aussi vite que possible, sans en renverser aucun. La petite Indienne entendit son nom le premier :

– Iana-Ha Poucette, de la tribu des Stoneys de Morley, sur son cheval, Zap Tah.

Elle se plaça aussitôt contre la barrière et un cow-boy lui fit signe de partir.

– Va, Zap Tah, vite, vite ! cria Iana-Ha.

Le cheval bondit d'un tonneau à l'autre et compléta le parcours sans effleurer les obstacles. Les gens applaudirent très fort et très longtemps. Iana-Ha quitta l'arène le coeur bondissant de joie. Cinq autres participants se succédèrent mais elle eut le meilleur compte et remporta sa première victoire.

Pour la seconde épreuve, elle ramena Zap Tah à la barrière pour l'y attacher. Cette fois, elle n'avait pas besoin de lui pour chevaucher un très jeune taureau. Comme j'ai peur ! pensa-t-elle.

Elle reçut le numéro 3. Un garçonnet réussit à rester une minute entière sur un taureau noir qui se secouait furieusement. Un autre gamin roula à terre dès que la barrière s'ouvrit pour laisser passer le taureau. Quand arriva son tour, Iana-Ha, blanche de peur, s'accrocha au-dessus du taureau et empoigna la corde. La cloche sonna, la barrière s'ouvrit et l'animal sauta dans l'enceinte. Le taureau sifflait, se secouait, mais Iana-Ha serrait toujours très fort les genoux et la corde. L'animal sautait de plus en plus brusquement, à gauche et à droite, sans réussir à se débarrasser d'elle. La cloche sonna. La foule se mit à rire et la petite Indienne se dit qu'elle n'avait jamais entendu rire aussi fort. Elle se rendit alors compte que l'on se pâmait parce qu'elle était toujours sur le taureau qu'elle ne lâchait pas.

– Saute ! mais saute donc ! criait-on de partout.

– J'ai trop peur !

– Lâche la corde ! cria une voix.

Iana-Ha suivit ce conseil et se retrouva par terre. Le taureau trottinait derrière elle, la tête baissée. Elle lui jeta un coup d'oeil et partit en courant, suivie de l'animal encore furieux. Elle regarda pardessus son épaule, vit qu'il s'était soudain arrêté et elle s'immobilisa de nouveau. Aussitôt, le taureau reprit son trot en se dirigeant vers elle. Iana-Ha, prise de panique, cherchait la porte de sortie qu'elle ne pouvait retrouver. Pendant ce temps, la foule se tordait de rire dans les gradins. Toute en sueur, haletante et couverte de poussière, Iana-Ha se sentit soudain soulevée comme une plume par un cow-boy à cheval.

– Merci, merci beaucoup, dit-elle.

Les deux autres candidats en liste tombèrent rapidement sans même demeurer une demi-minute sur le dos de leur taureau. L'un et l'autre se relevèrent en toute hâte en courant comme une flèche vers la barrière de sortie.

– Et voici la troisième épreuve : celle du lasso, cria une grosse voix.

Un Indien amena Zap Tah à la fillette à qui il présenta un lasso. On lâcha dans l'arène de très jeunes veaux, apeurés, qui se mirent à courir dans toutes les directions. La première concurrente fut une petite fille blonde. Elle poussa son cheval, lança adroitement son lasso qui étrangla légèrement un petit veau. Vite, elle sauta à terre, se précipita vers lui pour desserrer la corde et l'entourer aussi vite que possible autour des pattes de son prisonnier. Les applaudissements crépitaient.

Pourvu que je fasse aussi bien qu'elle, se dit Iana-Ha.

Les deux garçons qui vinrent après la petite blonde n'eurent pas de chance. Le premier lança son lasso trois fois mais il échoua à chaque tentative. Le second eut encore moins de succès.

Une grosse voix annonça :

– Iana-Ha Poucette de la réserve de Morley.

– Ne t'inquiète pas, dit Zap Tah à la petite Indienne. Allons-y. Attention, tu dois viser juste. Prépare-toi à lancer ton lasso. Hé, toi, le veau, veux-tu bien ralentir un peu ? C'est le temps, vas-y, Iana-Ha !

Elle fit tournoyer son lasso dans l'air et attrapa le veau du premier coup. Elle sentit alors que le cou du veau bougeait légèrement, ensuite, que le lasso s'y ajustait parfaitement. Elle tira sur la corde, sauta à terre et entoura le lasso autour des pattes du veau qui la regarda faire tout étonné.

– C'est parfait ! Fantastique ! Bravo, Iana-Ha !

Elle savait que ses frères et soeurs hurlaient de joie, quand elle quitta la piste sous un tonnerre d'applaudissements. Elle tenait Zap Tah par la bride en le ramenant à l'enclos.

– Je te dois tout, lui dit-elle en le caressant.

– J'étais très content de t'aider, répliqua son cheval. Maintenant, n'oublie pas ce que nous avons convenu tous les deux.

Iana-Ha le regarda un peu tristement. Puis, elle le prit par le cou et l'embrassa fortement. Elle retourna ensuite dans le stade. Le rodéo se poursuivait avec les épreuves pour adolescents.

On la félicitait de tous côtés mais elle ne disait mot. Elle semblait plutôt intéressée à Zap Tah parce qu'elle se levait sans cesse pour tâcher de l'apercevoir dans son enclos.

À la distribution des prix, Iana-Ha reçut celui du rodéo pour la catégorie de son âge : un beau costume d'amazone avec un chapeau superbe. Un Indien de sa tribu se vit remettre un fusil. Toute la tribu des Stoneys pavoisait, très fière des succès remportés par deux de ses membres. Lorsque la foule quitta le stade pour se diriger vers les autocars, quelqu'un lança à Iana-Ha :

– Où est ton cheval ?

Vite, Iana-Ha se retourna et courut vers l'endroit où Zap Tah aurait dû se tenir. Mais il avait disparu. Dans l'herbe, elle aperçut les deux sangles de cuir qui lui appartenaient et elle les ramassa, le coeur gros.

– Eh bien ! où est ton cheval ? demanda de nouveau le chauffeur du camion qui devait le ramener à la réserve.

– Il est parti, fit Iana-Ha en pleurant.

– Parti ? Tu veux dire qu'il s'est sauvé ?

– Non, dit-elle. Il est parti pour toujours.

Le chauffeur se gratta la tête et demanda :

– Veux-tu dire qu'on l'a volé ?

– Non, non, répliqua-t-elle en reniflant. Il est retourné au pays indien des chevaux magiques. Ça devait être comme ça. Zap Tah ne reviendra jamais plus. Il m'a aidée à gagner le rodéo et moi, en échange, je lui ai rendu sa liberté.

– Quelle histoire ! C'est à ne rien comprendre, grommela le chauffeur. Alors, ce n'est pas la peine de chercher plus longtemps. Viens-t'en, Iana-Ha. Et félicitations encore une fois. Les Indiens sont bien fiers de toi.

* * *

Sur le chemin du retour, tous les passagers de l'autocar avaient le coeur à la fête. Tous, sauf Iana-Ha qui trouvait le chemin plus long que d'habitude. À la réserve, un groupe d'Indiens et d'Indiennes était massés près de la route pour avoir des nouvelles du rodéo. Iana sortit la première en s'écriant :

– J'ai gagné ! Nous avons eu deux prix et...

– Ta grand-mère est morte, lui annonça une femme. Je veux voir tes parents. Où sont-ils ?

Toute la famille arriva et, en peu de temps, on se rendit à la maison de la pauvre grand-mère que tout le monde aimait bien. Elle était morte pendant que sa petite-fille gagnait le rodéo des Petites-Culottes.

– Que c'est triste ! dit un vieil Indien. Elle aurait tellement aimé être là pour te féliciter Iana-Ha.

– Oui, c'est triste, ajoutèrent d'autres voix. Mais elle était malade depuis si longtemps et le Grand Manitou a eu pitié d'elle.

Le chef Patte d'Ours offrit ses condoléances à la famille et félicita Iana-Ha du grand honneur qu'elle apportait à la tribu.

– J'aurais voulu qu'elle sache que j'ai gagné, répondit la fillette en sanglotant. Grand-Mère aimait les chevaux et elle disait que Zap Tah était un cheval splendide. Et maintenant, lui aussi est parti...

– Parti ! Où cela ?

– Au pays indien des chevaux magiques. C'était un cheval magique. Vous savez, chef Patte d'Ours, mon cheval pouvait parler. Il m'a aidée à gagner le rodéo et moi, en retour, je lui ai rendu sa liberté.

Le chef Patte d'Ours resta un moment silencieux.

– Je comprends, dit-il, enfin. Vois-tu, Iana-Ha, le Grand Esprit se retrouve dans tout ce qui respire : hommes, femmes, plantes, rocher, terre et animaux. Je ne suis pas surpris que ton cheval ait pu parler. Tu as eu de la chance de connaître ce cheval magique. Mais n'as-tu pas pensé à quelque chose ? Zap Tah est peut-être venu chercher ta grand-mère pour l'emmener auprès du Grand Manitou. D'après une légende indienne, des chevaux magiques viennent sur terre et ramènent avec eux des vieux Indiens, parfois des jeunes, au pays du Grand Esprit.

– Vous croyez que c'est possible... pour Grand-mère ? demanda Iana-Ha.

– Absolument. Plus j'y pense, plus je suis certain que ta grand-mère et Zap Tah sont partis ensemble, assura le chef.

Ce fut une grande consolation pour la petite Indienne et sa famille. Penser que leur grand-mère était partie au pays du Grand Esprit en compagnie d'un cheval magique les réconforta grandement.

Trois jours plus tard, alors que Iana-Ha se promenait toute seule au bord de la rivière, elle aperçut un troupeau de chevaux sauvages. Elle vit de nouveau le même jeune cheval noir qui suivait sa mère. Elle le regarda longuement. Cette fois, il leva la tête, regarda la petite fille, hennit tout doucement, se dirigea vers elle et cligna de l'oeil.

Iana-Ha sut qu'elle avait un nouvel ami et que, l'année prochaine, elle se présenterait encore aux épreuves du rodéo des Petites-Culottes.

Table des matières

Composition chez
Jocelyne Laxson
Imprimerie chez Printcor